This Book Belongs To:

Charlotte Sullivan

D1716830

For more free activity sheets visit: Learninreturn.com

HOW TO PLAY

1. CUT OUT THE SQUARES OF THE ITEMS FROM PAGES 3 – 13.

2. PLACE CUT OUTS IN A HAT OR BOX AND DRAW FOR EACH ITEM.

3. MATCH THE CUT OUT WITH THE SQUARE ON THE BINGO PAGE.

4. WHEN YOU HAVE FOUR HORIZONTAL, VERTICAL, OR DIAGONAL YOU WIN!

5. BE CREATIVE AND HAVE FUN COMPLETING EACH BINGO PAGE!

(IF YOU WOULD LIKE A DIGITAL FILE OF THE CUT OUTS TO PRINT YOU CAN FIND THEM AT WWW.LEARNINRETURN.COM/SPANISH-BINGO)

el agua	el árbol	el arte	el autobús
el avión	el barco	el bebé	el caballo
el carro	el cepillo	el cerdo	el conejo
el dinero	el fuego	el gato	el hombre

el huevo	el jabón	el juego	el jugo
el lápiz	el libro	el mapa	el nido
el niño	el ojo	el oso	el pan
el papá	el papel	el pastel	el pato

el perro	el pescado	el pie	el plato
el pollo	el queso	el reloj	el sofá
el sol	el sombrero	el tenedor	el tren
el viento	el zapato	la cabeza	la cabeza

la cama	la camisa	la carne	la carta
la casa	la cuchara	la estrella	la familia
la flor	la leche	la lluvia	la luna
la mamá	la mano	la mesa	la mujer

la muñeca	la música	la nariz	la niña
la noche	la nube	la oreja	la oveja
la pareja	la pelota	la pierna	la pimienta
la planta	la pluma	la puerta	la roca

la sal	la silla	la uva	la vaca
la ventana	los pantalones		

water	tree	art	bus
airplane	boat	baby	horse
car	brush	pig	rabbit
money	fire	cat	man

egg	soap	game	juice
penicl	book	map	nest
boy	eye	bear	bread
Dad	paper	cake	duck

dog	fish	foot	plate
chicken	cheese	clock	couch
sun	hat	fork	train
wind	shoe	head	box

bed	shirt	meat	letter
house	spoon	star	family
flower	milk	rain	moon
Mom	hand	table	woman

doll	music	nose	girl
night	cloud	ear	sheep
bird	ball	leg	pepper
plant	pen	door	rock

salt	chair	grape	cow
window	pants		

SPANISH BINGO

 **la oreja**	 **el mapa**	 **la silla**	 **el hombre**
 **el viento**	 **la pimienta**	 **la ventana**	 **el autobús**
 **el pastel**	 **el avión**	 **el libro**	 **la cama**
 **el caballo**	 **la casa**	 **la noche**	 **la flor**

SPANISH BINGO

el avión	la leche	la sal	la nube
la mamá	la música	la lluvia	la pierna
el pie	el juego	la pelota	el caballo
el mapa	la oveja	el pollo	la ventana

SPANISH BINGO

 **el sol**	 **el sombrero**	 **la familia**	 **el caballo**
 **la cama**	 **el pan**	 **la estrella**	 **el autobús**
 **la vaca**	 **el agua**	 **la lluvia**	 **la luna**
 **el pollo**	 **la oveja**	 **el arte**	 **la música**

SPANISH BINGO

 **el conejo**	 **el sofá**	 **los pantalones**	 **la camisa**
 **el libro**	 **el plato**	 **el autobús**	 **el pollo**
 **la mamá**	 **la música**	 **la roca**	 **la lluvia**
 **la luna**	 **la caja**	 **la uva**	 **el queso**

SPANISH BINGO

el cerdo	el perro	la pareja	la cabeza
el agua	el pie	el carro	la luna
la cama	el pato	el hombre	la vaca
la caja	el pan	el zapato	la pimienta

SPANISH BINGO

el niño	la flor	el oso	la silla
la sal	el gato	el cepillo	la estrella
la luna	el barco	la mamá	la muñeca
la casa	la caja	el nido	el hombre

SPANISH BINGO

 **la ventana**	 **la sal**	 **el pan**	 **el carro**
 **el arte**	 **el jabón**	 **el ojo**	 **el lapiz**
 **la cabeza**	 **la puerta**	 **el tren**	 **la pelota**
 **el barco**	 **la mesa**	 **la manzana**	 **la planta**

SPANISH BINGO

 **la carta**	 **el niño**	 **el árbol**	 **la cuchara**
 **el zapato**	 **la niña**	 **el mapa**	 **el bebe**
 **la mujer**	 **el queso**	 **el agua**	 **la camisa**
 **la nariz**	 **la uva**	 **el fuego**	 **el oso**

SPANISH BINGO

el pastel	el oso	la cuchara	el carro
la carne	el sol	la oveja	la mamá
la sal	la oreja	el fuego	la mano
la camisa	la muñeca	la nariz	el mapa

SPANISH BINGO

 **el pescado**	 **la pimienta**	 **la niña**	 **el papá**
 **la pierna**	 **la lluvia**	 **la muñeca**	 **la puerta**
 **el perro**	 **la oreja**	 **el sombrero**	 **la nube**
 **la uva**	 **el tren**	 **la carta**	 **el papel**

SPANISH BINGO

el árbol	el pastel	la casa	la luna
la manzana	la ventana	el sofá	la pareja
la cabeza	el perro	la roca	la pelota
el dinero	la muñeca	el pie	la uva

SPANISH BINGO

el juego	la nube	la oreja	la vaca
la cabeza	el hombre	la puerta	el jugo
la lluvia	el libro	la mujer	el hombre
la casa	la cuchara	la silla	el gato

SPANISH BINGO

el jugo	la pelota	el dinero	el queso
el pan	el cepillo	el papel	el nido
el oso	la nube	la cuchara	el libro
el lapiz	la ventana	el carro	la leche

SPANISH BINGO

la leche	el viento	el pie	el bebe
la manzana	la planta	el libro	la cama
el sofá	la pimienta	la pareja	el agua
la oreja	el caballo	el arte	el papel

SPANISH BINGO

el queso

la leche

la cama

la caja

la cuchara

la luna

la oveja

el viento

la niña

el avión

el jabón

la nariz

el niño

el plato

la pelota

el dinero

SPANISH BINGO

 **el reloj**	 **el tren**	 **el oso**	 **el carro**
 **el sombrero**	 **el queso**	 **la mamá**	 **la caja**
 **la mano**	 **el niño**	 **el caballo**	 **la noche**
 **el libro**	 **el hombre**	 **el cepillo**	 **la carta**

SPANISH BINGO

 **la oveja**	 **el ojo**	 **el viento**	 **la cabeza**
 **la pelota**	 **el hombre**	 **el avión**	 **el queso**
 **la oreja**	 **la mano**	 **el cepillo**	 **la mamá**
 **el perro**	 **la luna**	 **la lluvia**	 **la noche**

SPANISH BINGO

el pescado	el dinero	la leche	el juego
la camisa	el queso	la niña	el sombrero
la oreja	la pelota	el carro	el caballo
la estrella	la música	el cepillo	la roca

SPANISH BINGO

 el reloj	 la nube	 el conejo	 el gato
 el mapa	 el fuego	 el árbol	 la leche
 la pimienta	 el pollo	 el juego	 el niño
 la pelota	 el pastel	 la mujer	 el carro

SPANISH BINGO

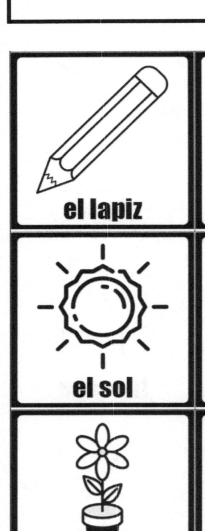 el lapiz	la estrella	el pastel	los pantalones
el sol	el tren	la roca	el juego
la flor	el queso	el hombre	la planta
el ojo	el hombre	la casa	la carne

SPANISH BINGO

la noche	el lapiz	el arte	la puerta
el pollo	el hombre	el pie	la luna
el dinero	el viento	el jabón	la caja
la oreja	el carro	el papel	el reloj

SPANISH BINGO

la carta	el jugo	el fuego	los pantalones
el reloj	la carne	la mesa	el zapato
el plato	el carro	la pelota	la oveja
el pollo	la cabeza	el ojo	el sol

SPANISH BINGO

 **la casa**	 **la planta**	 **la oveja**	 **el barco**
 **el pato**	 **el papá**	 **la uva**	 **la pluma**
 **la muñeca**	 **la pareja**	 **la niña**	 **la flor**
 **el pastel**	 **la pierna**	 **la cama**	 **el jabón**

SPANISH BINGO

la luna	el barco	la muñeca	la mujer
el pastel	el plato	los pantalones	el sol
la cabeza	la flor	el juego	el cerdo
el libro	la pierna	la silla	la puerta

SPANISH BINGO

el sombrero	el juego	el pastel	el cepillo
el jabón	la estrella	el sofá	el tren
la muñeca	la niña	la camisa	la cama
la uva	la carta	el avión	el barco

SPANISH BINGO

el papel	la camisa	la vaca	el pato
la pluma	la mano	la pimienta	la luna
el lapiz	el oso	el pescado	el libro
la mesa	el hombre	el pastel	la pelota

SPANISH BINGO

el caballo

el pollo

el bebe

el tren

el sombrero

la muñeca

la luna

la silla

la lluvia

la pareja

la niña

la mesa

la noche

el barco

la oveja

el jabón

SPANISH BINGO

el mapa	la lluvia	la puerta	el zapato
la camisa	el papá	el lapiz	el conejo
la cabeza	el perro	el fuego	el carro
el ojo	el cerdo	la flor	el nido

SPANISH BINGO

la oreja	la cuchara	el plato	el arte
la sal	el dinero	el lapiz	el hombre
el conejo	la flor	la pimienta	el barco
la cama	el gato	la mesa	la roca

SPANISH BINGO

el plato	la flor	la sal	la estrella
el cerdo	la manzana	el pescado	el cepillo
la familia	la caja	el pollo	el oso
el pan	el fuego	la niña	el hombre

SPANISH BINGO

la cuchara

la muñeca

la niña

el autobús

la mamá

la planta

la pimienta

el mapa

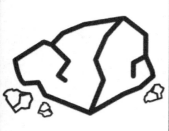
la roca

la cabeza

la camisa

el sofá

la familia

el queso

el pie

la sal

SPANISH BINGO

el ojo	el zapato	el pan	el niño
la pluma	el papel	la carta	el pescado
el avión	el juego	la pierna	el nido
la planta	la oreja	el tenedor	la mesa

SPANISH BINGO

el mapa	la pimienta	el árbol	el agua
el pato	la luna	el pan	la silla
la niña	el gato	la pelota	la casa
la carne	la pareja	el perro	el libro

SPANISH BINGO

la muñeca	la cabeza	la pimienta	el jabón
la luna	el queso	el avión	el jugo
la roca	el cepillo	la noche	el lapiz
el juego	el tren	la mesa	el dinero

SPANISH BINGO

el pastel

el jabón

el árbol

el pollo

la niña

el sol

la ventana

el conejo

la cabeza

el cerdo

el viento

el niño

la luna

la flor

el pato

la cama

SPANISH BINGO

el pie	el viento	la silla	el zapato
el tenedor	la flor	el perro	la música
el papel	el nido	el avión	la cuchara
el conejo	el carro	la nube	los pantalones

SPANISH BINGO

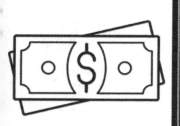			
el dinero	la pelota	el jabón	la mano

el pato	la uva	el pastel	la muñeca
		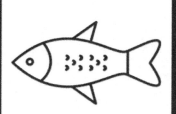	
la caja	el pan	el pescado	el reloj

el cerdo	el plato	la nariz	la sal

SPANISH BINGO

la pierna	el juego	el fuego	el sombrero
el avión	el nido	el dinero	el pato
la muñeca	la nube	la niña	el agua
el tren	la sal	la roca	la uva

SPANISH BINGO

la música	el cerdo	el agua	la cuchara

el avión	el zapato	la cabeza	el mapa

el reloj	el hombre	el papel	el sombrero

la uva	la vaca	la estrella	la sal

SPANISH BINGO

la luna	el papel	la carne	el nido
el fuego	la carta	el lapiz	el jugo
el pie	la mano	la familia	el sofá
el oso	la mujer	el perro	la lluvia

SPANISH BINGO

el tenedor	la silla	el carro	el gato
el plato	la pelota	la nube	el jabón
el agua	el pastel	la pimienta	el hombre
la música	el pie	el pollo	el pato

SPANISH BINGO

el tren	la uva	la roca	la cuchara
la nariz	el sofá	el papel	la vaca
el juego	el pato	la leche	el hombre
el arte	la pelota	el cerdo	el jugo

SPANISH BINGO

**el queso**	**la cuchara**	**el ojo**	**el papá**
**el cepillo**	**la estrella**	**la silla**	**la flor**
**la niña**	**la muñeca**	**la uva**	**la oveja**
**el pan**	**la mamá**	**el perro**	**el nido**

SPANISH BINGO

el arte	el pastel	el sofá	el bebe
el tenedor	la cuchara	la oveja	la cabeza
la noche	la silla	el jugo	la pluma
la cama	la manzana	la muñeca	el lapiz

SPANISH BINGO

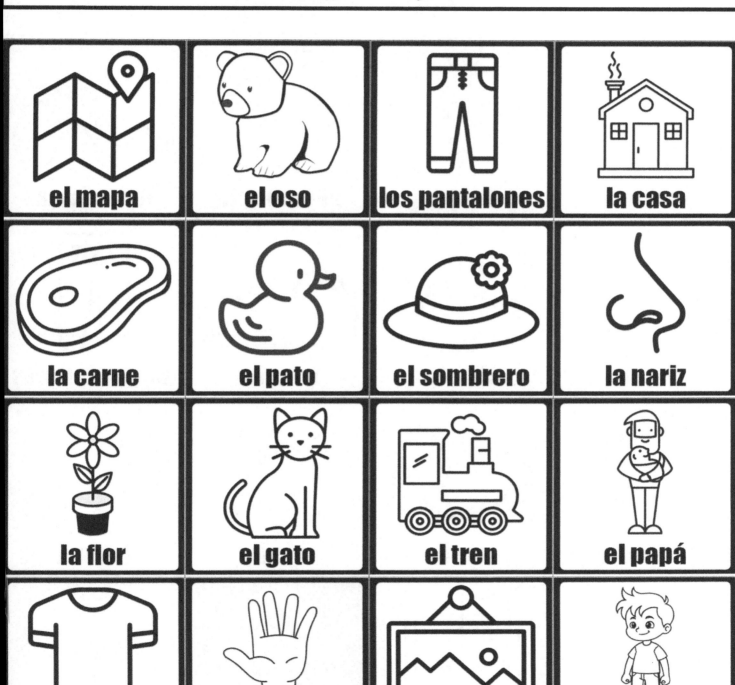

el mapa	el oso	los pantalones	la casa
la carne	el pato	el sombrero	la nariz
la flor	el gato	el tren	el papá
la camisa	la mano	el arte	el niño

SPANISH BINGO

la lluvia	la uva	la manzana	la cuchara
el gato	el pato	la nube	los pantalones
la puerta	la roca	el sol	la luna
la música	la ventana	la noche	el papá

SPANISH BINGO

 **el cepillo**	 **el reloj**	 **el bebe**	 **el hombre**
 **la mujer**	 **la pareja**	 **el libro**	 **la pluma**
 **el jugo**	 **la camisa**	 **el sofá**	 **la cuchara**
 **el carro**	 **el juego**	 **el conejo**	 **el viento**

SPANISH BINGO

el ojo	la camisa	la vaca	la música
la pareja	el pastel	la sal	el bebe
los pantalones	la nariz	la puerta	el reloj
la mujer	la silla	la leche	el pato

SPANISH BINGO

el agua	el tren	la cuchara	la música
el libro	la familia	la puerta	la cabeza
la noche	la flor	la manzana	la uva
la pierna	el mapa	la leche	la roca

SPANISH BINGO

la mano

el viento

el zapato

el cerdo

el pollo

la caja

el niño

el pan

la silla

el lapiz

la roca

la cuchara

la manzana

la cama

el tren

los pantalones

SPANISH BINGO

la cama

el nido

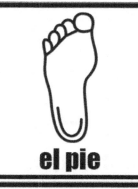
el pie

la silla

la ventana

el autobús

el papá

el libro

el perro

la puerta

la vaca

la pluma

la roca

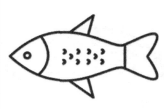
el pescado

el zapato

el ojo

SPANISH BINGO

la puerta	el papel	el pastel	la vaca
el sofá	la mano	la cuchara	el pato
el pan	la manzana	el jabón	el arte
el cepillo	el niño	el carro	el gato

SPANISH BINGO

 **la vaca**	 **la familia**	 **la cama**	 **la lluvia**
 **la mamá**	 **la noche**	 **la estrella**	 **la niña**
 **la leche**	 **el barco**	 **la oreja**	 **el viento**
 **la pareja**	 **el libro**	 **la nube**	 **el papá**

SPANISH BINGO

la caja	la lluvia	el papel	el viento
la roca	la muñeca	la nube	el tren
los pantalones	el sofá	la noche	el pie
la pluma	el autobús	el pan	la mamá

SPANISH BINGO

 la nube	 el sofá	 el conejo	 la familia
 la leche	 el pollo	 el hombre	 el zapato
 el gato	 la silla	 la muñeca	 la estrella
 la ventana	 el avión	 el pastel	 el nido

SPANISH BINGO

el reloj	el barco	el pastel	el papá
la manzana	el libro	el pan	el hombre
la camisa	el lapiz	la oveja	la cabeza
el oso	la música	la estrella	la pareja

SPANISH BINGO

el jugo	el papel	el hombre	el bebe
la carta	la cabeza	el arte	el cepillo
el plato	la roca	el oso	el zapato
la flor	el pato	la cuchara	el pescado

SPANISH BINGO

el sol	el gato	la pimienta	la manzana
el oso	la nariz	el agua	el barco
el viento	la pierna	el perro	la mamá
el jabón	la cama	el conejo	la pluma

SPANISH BINGO

el pan

el arte

la oveja

el conejo

el oso

el gato

el perro

la mano

el viento

la caja

la roca

la mujer

la niña

la lluvia

el dinero

la ventana

SPANISH BINGO

el avión	el pastel	la carne	la caja
el oso	la música	los pantalones	la silla
la mano	la pimienta	la pareja	el libro
el queso	la ventana	el pollo	la noche

SPANISH BINGO

la pierna	el conejo	el oso	la pimienta
el pie	el zapato	la cabeza	el caballo
el ojo	el pollo	la flor	la mujer
la casa	la nariz	la cama	el papá

SPANISH BINGO

la niña	la carta	la uva	el cepillo
el barco	la cabeza	la nube	el plato
la camisa	el arte	la vaca	la familia
la música	el tren	el papel	el gato

SPANISH BINGO

la uva

la carta

la mamá

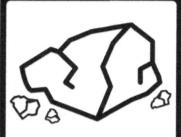
la roca

la silla

el lapiz

la mano

el viento

el reloj

la mesa

la vaca

el ojo

el jabón

el pie

la pluma

el carro

SPANISH BINGO

la nube	el queso	la familia	el pan
la pluma	el bebe	el lapiz	el árbol
la ventana	el arte	la pelota	la uva
la oveja	el papel	la casa	el plato

SPANISH BINGO

el tenedor	la planta	la cuchara	el papá
la caja	la nariz	la roca	la mano
el lapiz	la uva	la música	el papel
la muñeca	el cerdo	la noche	el tren

SPANISH BINGO

el avión	el mapa	el ojo	la ventana
el niño	la cuchara	el arte	la pelota
la casa	el nido	la caja	el reloj
la noche	la familia	el pollo	la estrella

SPANISH BINGO

 la carne	 el tren	 el tenedor	 la pareja
 la caja	 la niña	 la cama	 el barco
 la carta	 la nariz	 la roca	 el dinero
 el jugo	 la manzana	 la flor	 la uva

SPANISH BINGO

el hombre	la mano	el sofá	la ventana
el barco	el tren	la pierna	la nube
el plato	el niño	la lluvia	el cerdo
el perro	el pato	el gato	la mamá

SPANISH BINGO

la luna	el árbol	la carne	el viento
la leche	la cama	la mamá	la pluma
el reloj	el tren	el ojo	el plato
la puerta	la oreja	el caballo	el niño

SPANISH BINGO

la muñeca	el hombre	el cerdo	el jabón
la ventana	el arte	la leche	el gato
el juego	la familia	el nido	la cuchara
el hombre	el pescado	la pluma	la niña

SPANISH BINGO

 **el plato**	 **el zapato**	 **el hombre**	 **la lluvia**
 **el niño**	 **el avión**	 **la mano**	 **el hombre**
 **el pan**	 **la estrella**	 **el bebe**	 **la silla**
 **el nido**	 **la cama**	 **el mapa**	 **el sofá**

SPANISH BINGO

el oso	la estrella	el juego	el barco
la ventana	el ojo	el viento	la leche
la pluma	la música	el libro	la puerta
la casa	la uva	la cuchara	la planta

SPANISH BINGO

la pimienta	el cepillo	la cuchara	la familia
el dinero	la carne	el papel	la estrella
la mano	la mesa	el pescado	la noche
la lluvia	la nube	la música	la sal

SPANISH BINGO

la música	la sal	el pan	la mesa
el caballo	la estrella	la cama	la planta
la muñeca	el carro	el juego	el nido
la nube	el lapiz	el pato	el niño

SPANISH BINGO

 **la flor**	 **la casa**	 **el arte**	 **el autobús**
 **el zapato**	 **el cepillo**	 **la oveja**	 **la mamá**
 **el plato**	 **el jugo**	 **la cabeza**	 **la cuchara**
 **la manzana**	 **el bebe**	 **la luna**	 **el niño**

SPANISH BINGO

el oso	la nube	la pierna	la carta
la noche	el pastel	la mujer	el pie
la familia	la nariz	el pollo	la roca
el reloj	la uva	el pato	la leche

SPANISH BINGO

 **el pollo**	 **el pescado**	 **la pelota**	 **la mujer**
 **la mamá**	 **la pierna**	 **la pluma**	 **el caballo**
 **el viento**	 **la familia**	 **la mano**	 **la música**
 **el fuego**	 **la carta**	 **el hombre**	 **el autobús**

SPANISH BINGO

 la casa	 la familia	 el jugo	 el oso
 la pareja	 la leche	 la niña	 la flor
 la carne	 el lapiz	 el agua	 la luna
 el pastel	 el arte	 el carro	 el tren

SPANISH BINGO

 **el pescado**	 **la cabeza**	 **el jugo**	 **la pelota**
 **la mesa**	 **el tenedor**	 **la carta**	 **el libro**
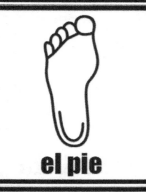 **el pie**	 **la uva**	 **la mujer**	 **el dinero**
 **la leche**	**la roca**	 **el avión**	 **la ventana**

SPANISH BINGO

la camisa	la sal	la luna	el caballo
el gato	la planta	la mujer	el pescado
la caja	el perro	la carne	la cabeza
la uva	la casa	el cepillo	el nido

SPANISH BINGO

la caja	la oreja	el papel	la manzana
el pescado	la pierna	el juego	la ventana
el pollo	el barco	la camisa	el pato
la estrella	la oveja	la niña	la luna

SPANISH BINGO

el niño	el caballo	la carne	la caja
la lluvia	la pelota	la familia	la mesa
la cuchara	la pareja	el autobús	el sol
el pie	la luna	la roca	la niña

SPANISH BINGO

el papel	la puerta	la carne	el pescado
la muñeca	la ventana	el sofá	la mesa
la casa	el hombre	el tren	el pollo
el pie	el pastel	la pareja	la mamá

SPANISH BINGO

el tren	la muñeca	la estrella	el pie
la mano	el conejo	la pierna	el jabón
la uva	el carro	la pelota	la puerta
la pareja	el hombre	el gato	el caballo

SPANISH BINGO

 **el pollo**	 **la mujer**	 **el hombre**	 **la pelota**
 **la lluvia**	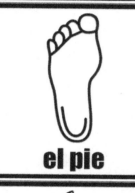 **el pie**	 **el pastel**	 **el sofá**
 **la sal**	 **la silla**	 **la roca**	 **el oso**
 **el tenedor**	 **el carro**	 **el caballo**	 **el jugo**

SPANISH BINGO

el avión	el perro	la luna	la mujer
la oveja	el agua	el pan	el fuego
la nariz	la música	el queso	la estrella
el ojo	la mano	el hombre	el tenedor

SPANISH BINGO

 **el juego**	 **el pescado**	 **la carne**	 **el agua**
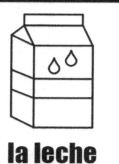 **la leche**	 **el árbol**	 **el carro**	 **el sombrero**
 **la noche**	 **el hombre**	 **la cabeza**	 **la cama**
 **la pierna**	 **el queso**	 **la pelota**	 **el tenedor**

SPANISH BINGO

el bebe	el pan	el hombre	la ventana
el arte	el oso	la mesa	el barco
la música	la vaca	el pato	la camisa
la puerta	la sal	el nido	la estrella

SPANISH BINGO

 **el jugo**	 **el gato**	 **la estrella**	 **la noche**
 **el caballo**	 **la flor**	 **el barco**	 **el queso**
 **la cabeza**	 **la pluma**	 **la carta**	 **el pescado**
el carro	 **los pantalones**	 **la caja**	 **el conejo**

SPANISH BINGO

la pluma	el mapa	la lluvia	la oveja
el fuego	la pierna	el jabón	el hombre
el sofá	el gato	la ventana	la manzana
el caballo	la oreja	la mamá	la cama

SPANISH BINGO

la niña	el perro	la nariz	el jugo

el mapa	la pelota	el pan	el pescado

el papá	la casa	la cuchara	la planta

la cama	el papel	el hombre	la muñeca

SPANISH BINGO

la planta	la vaca	el arte	la roca
el árbol	el nido	la mujer	los pantalones
la leche	el cerdo	el pastel	la cuchara
el queso	el agua	el reloj	el pato

SPANISH BINGO

el perro	la carta	la oreja	el sofá
el hombre	la nube	el pato	el pastel
el tenedor	el niño	la roca	el árbol
la mesa	la luna	el lapiz	la planta

SPANISH BINGO

 **la uva**	 **el pato**	 **la pelota**	 **el autobús**
 **la vaca**	 **el reloj**	 **el gato**	 **la familia**
 **el hombre**	 **el pescado**	 **el carro**	 **la música**
 **el sombrero**	 **la sal**	 **el pan**	 **la camisa**

SPANISH BINGO

la oreja	el jabón	la camisa	el papel
la nariz	el arte	la familia	el mapa
el niño	el plato	el carro	el pan
el autobús	la nube	la ventana	el zapato

SPANISH BINGO

el cepillo	el arte	la pimienta	la carta
la mamá	el cerdo	el conejo	el dinero
el reloj	la niña	la flor	el niño
la camisa	el sombrero	el perro	la ventana

SPANISH BINGO

el mapa	la planta	el juego	el libro
la noche	el jugo	el tenedor	el barco
el hombre	el sofá	el pie	la sal
el oso	el zapato	la manzana	el arte

SPANISH BINGO

el papel	el zapato	la camisa	el tren
la niña	el cepillo	el nido	el reloj
el pastel	la uva	el perro	la mesa
la noche	el sombrero	la luna	el pato

SPANISH BINGO

 **la mujer**	 **la cama**	 **la lluvia**	 **la mano**
 **el lapiz**	 **el avión**	 **la pierna**	 **el sol**
 **el tren**	 **el conejo**	 **la familia**	 **la caja**
 **la ventana**	 **el bebe**	 **la pimienta**	 **el juego**

Made in United States
Orlando, FL
07 December 2022